Lb 1710.

AF263811

TOUJOURS BLAYE.

Révolution démocratique : roi de France.
Révolution despotique : duc d'Enghien.
Révolution dynastique : duchesse de Berry.

Immolations successives ;
Deux de mort violente ;
Une de lente agonie.

PARIS,
A. PIHAN DE LA FOREST, IMPRIMEUR,
RUE DES NOYERS, N° 37.
1833.

Circulaire du 14 janvier.

« C'est une remarquable publication, où l'auteur a tout sacrifié au noble but qu'il se propose : *la liberté* de MADAME ; où *le salut* de l'auguste captive passe bien avant les considérations *de parti*. » (*Courrier de l'Europe*, 14 janvier.)

Journaux royalistes, est-ce que vous n'entendez pas ?

Journaux royalistes, propriétaires et rédacteurs, tous solidairement, ainsi vous vous chargez d'une terrible responsabilité.

Ici, le salut : là, le parti.

Et vous hésitez dans le choix : ou plutôt sans hésiter, vous faites tout pour l'un, tout contre l'autre.

Mais le cœur, le sens, manquent donc ?

La voilà captive : cela vous duit, ce semble.

Belle occasion, à s'exhaler en insultes, en menaces : si les portes de Blaye se referment d'autant, au moins les murs des Tuileries seront ébranlés.

La voilà languissante, expirante peut-être : on n'attendait pas mieux.

Quel retentissement dans toute l'Europe ! Quel frémissement d'horreur en France ! Le trône nouveau ne repose plus que sur un cercueil.

La voilà au moment suprême, maudissant ses amis plus que ses ennemis encore :

N'importe : les sons étouffés n'atteindront pas jusqu'à l'oreille, ne parviendront pas à la conscience.

Cependant, en aventurant ainsi le salut, on compromet aussi le parti.

Rien ne sert que le temps ; s'éclairant par la lumière des faits, s'apprêtant en secret, en silence.

La parole, mal avisée, inconsidérée, en pressant le travail, cause l'avortement.

Mettre en colère, tenir en crainte, n'a d'autre effet que de rallier ce qui se divisait, et de renforcer ce qui s'affaiblissait.

1826. Refus de la police pour l'annonce d'un écrit intitulé : *Invocation aux autorités* , etc.

1827. Refus de la même, non pas pour le titre, mais bien pour les épigraphes extraites du discours d'un pair, et d'un journal anglais, de deux écrits intitulés : *La Pairie.*

1832. Affiches plusieurs fois apposées, d'une liste de dix-huit écrits avec les épigraphes, relatifs à l'abolition de tout impôt sur le nécessaire : maintes fois enlevées par la police, dit-on.

1832 : 33. Trois affiches des écrits suivans : *Les Polonais* et *la Captive ;* puis *l'a Captive, Cinq écrits ;* enfin *Sainte-Hélène , Blaye ;* avec épigraphes et citations : celles-là point arrachées, et qui pis est point remarquées.

1833. Affiches de l'écrit ; *France : Berry ; Désarmement : Délivrance,* avec épigraphes et citations : celles-ci, dont il a été fait du bruit, ou plutôt dont on s'est fait du jeu.

Messager des Chambres. « On a affiché vers midi un énorme placard sur trois colonnes, ayant pour but d'exciter le peuple en faveur des prisonniers de Ham et de la duchesse de Berry. »

Gazette des tribunaux. « Aujourd'hui on a affiché un grand placard , qui a occasioné une petite émeute à chaque coin de rue, tant la foule était grande pour lire et comprendre cet écrit, qui est écrit dans le style de l'apocalypse. »

Tribune. « Tout le monde a pu voir sur les murs, une grande pancarte jaune.... c'est l'œuvre d'un cerveau malade.... l'auteur est un légitimiste renforcé, archi-ren-forcé.... Si la rage d'être homme politique ne l'avait pas dévoré, il eut été remarqué dans la carrière de l'écono-mie politique. »

Nouvelliste. « Des placards légitimistes ont été affi-chés hier et arrachés par ordre de la police. Ils sem-blaient plutôt appartenir à l'enthousiasme d'un fou, qu'à une ridicule échauffourée de parti. Le gouvernement en fait cependant rechercher avec soin les auteurs (1). »

Au moins dans la communication ministérielle, la qualification est quelque peu édulcorée et même donne à se glorifier.

L'enthousiasme, s'il y en a, est pour nobles et dignes causes : l'honneur de la France ; le salut d'une femme.

Certes, s'il faut être fou pour avoir un enthousiasme de telle sorte, va pour être fou, fut-on le seul au monde.

Première moralité à tirer de tout cela.

---

(1) *Extrait d'une lettre de l'auteur, au* Nouvelliste.

Je lis dans le *Nouvelliste* un article relatif à l'affiche d'un de mes écrits.

Je n'ai et n'aurai jamais à m'excuser, pas même à m'ex-pliquer.

C'est à l'écrit et non à l'écrivain, de parler.

Encore la chose est inutile, si comme cette fois personne ne prend la peine de lire.

Une seule ligne cependant disait tout.

Patrie, princesse : honneur, salut.

Tant pis pour qui ne l'entend pas.

Au moins le *Courrier de l'Europe* m'a compris.

« Pour l'auteur, le *salut* de l'auguste captive passe bien avant les considérations de *parti.* »

Si la *Gazette* et la *Quotidienne* m'avaient compris aussi, il ne m'aurait pas fallu faire parler les murailles.

Eh bon Dieu ! ni *placarderie*, ni même *légitimerie* ne se rencontraient sur les murailles.

C'était simple affiche d'un écrit publié depuis quinze jours ; simple démarche pour une mise en liberté depuis long-temps réclamée.

Il y avait, non point excitation au peuple, en faveur de Ham ; et seulement invocation ou provocation à la Quotidienne et à la Gazette , en faveur de Blaye.

Si bien qu'en faisant enlever l'affiche, la police se mettait aux ordres de ces feuilles ; et qu'en faisant poursuivre l'auteur, le parquet se déclarerait leur très humble serviteur.

Et plut au ciel, pour peu que le jugement dût avoir lieu, avant que la destinée eût marqué Blaye, du signe fatal.

Car, à défaut des colonnes qui s'obstinent au silence , et des murailles auxquelles on coupe la parole ; au moins en Cour d'Assises, une solennelle plaidoirie, exposerait à la lumière quels sont, *ceux qui par un faux zèle ou par un zèle mal entendu ont fait beaucoup de mal.*

Seconde moralité.

Le temps va trop vite. A grande peine, il y a moyen d'écrire ; mais de lire, point.

Ceci est surtout pour le Messager, qui en recevant, ainsi que tous les autres journaux, la copie littérale du susdit placard, verra qu'il n'y est pas dit un mot, de ce qu'il dit.

On parle ; puis on n'y pense plus : on avance ; puis on ne se rétracte pas.

Troisième moralité.

Le pouvoir s'émeut trop de pareilles misères.

Encore, qu'il fasse arracher des murs et déposer je ne sais où, les affiches qui causent une petite émeute ; à la vérité, cela n'est pas trop légal, pas trop libéral.

Seulement le fait qui n'entend point raison, qui ne s'entend guère à justice, parle et commande de couper court à tout trouble.

Mais quant à prescrire à toutes les feuilles dévouées, de répéter en long chorus, le mot de *placards légitimistes*, et le mot d'*échauffourée de parti*; c'est au contraire souffler le feu qui s'éteignait.

Mais quant à leur faire proclamer qu'on recherche avec soin les auteurs : lesquels auteurs ne sont qu'un auteur ; lequel est connu de tout le monde : c'est donner à rire de soi-même.

La peur : toujours la peur ; rien que la peur. Devise mortelle pour un gouvernement.

Dernière et suprême moralité.

Ici surtout, il faut regretter amèrement que *l'œuvre d'un cerveau malade* soit écrite dans *le style de l'Apocalypse*.

Certes, autre tête, autre plume seraient requises pour une pareille tâche ; et vrai, elles ont été invoquées vainement, depuis la première page des trois cents pages mises sous presse, non sans peine et sans frais.

Par malheur, l'enthousiasme n'est contagieux de nulle part, en ce sec et morne siècle.

Par malheur, un fou n'est pas doué de faire un fou, de tel et tel génie, auquel cela irait si bien.

Or donc, le fou seul de son bord, seul en son coin, a dû écrire, doit écrire, devra écrire.

Et le fou dit que cette esclandre quelque peu vive, au sujet de l'affiche susdite, annonce manifestement, comment les fibres de l'ame, celles-ci dans un sens et celles-là dans un autre, sont affectées, sont excitées par ce seul mot : BERRY.

Le fou dit que cette prédisposition d'irritabilité, ne s'apaisera, ne s'amortira, qu'en enlevant toute occasion au retour de ces crises.

Le fou dit que ni le calme au-dedans, ni la paix au-dehors, n'ont à revenir, à durer; tant que Blaye exercera au plus haut degré, ici l'influence attractive, et là, la puissance répulsive.

Le fou, dont la politique s'est assez fait connaître, et ne diffère pas de celle d'un orateur distingué (1).

Le fou à qui la puissance ne fut pas donnée, ni de prévenir ce qui est, ni de ramener ce qui était;

A qui la prescience fut donnée de prévoir ce qui est, et non de prévoir ce qui sera;

Il dit et redit en cette occurrence suprême, que le point de droit restant en l'état, des chances nompareilles s'offrent en point de fait, sous ces trois rapports :

Lesquels ont été traités tout d'abord et menés de pair et explorés à fond, PAR LE FOU :

DÉLIVRANCE : DÉSARMEMENT : DÉGRÈVEMENT.

---

(1) Les hommes attachés au dogme de la légitimité, par amour pour leur pays, doivent attendre en repos, les décrets de la Providence. Si le gouvernement actuel succombe aux conditions de son origine et à l'incapacité des hommes qu'il a jetés au pouvoir, le seul recours de la France sera au gouvernement qui la rendit quinze ans, libre, prospère et glorieuse. S'il revient, c'est qu'il sera nécessaire, c'est que lui seul sera possible. Nous qui l'avons regretté, nous qui avons désiré son retour dans l'intérêt de notre patrie, nous ne ferons rien pour ramener par le désordre un principe d'ordre. Nous avouerons même notre estime et notre reconnaissance envers les hommes qui auront empêché la révolution d'être ensanglantée; et nous n'applaudirons à une restauration qu'autant qu'elle s'opérera par l'opinion et non par la force. (*De la Vendée*, par M. de Lezardiere.)

Prince, as-tu un ami ?

Plus heureux alors dans tes palais, que la princesse en sa prison.

Pour elle, point d'amis : sauf ceux qui, voulant la rendre plus digne du ciel, travaillent à prolonger, à aggraver ses souffrances; ou qui, ne voyant que le ciel digne d'elle, s'efforcent à hâter le terme de son existence.

Prince, si tu as un ami, que cet ami écoute, et qu'il parle.

Il n'y a point à t'inspirer des sentimens loyaux, à t'inculquer d'équitables vœux.

Certes, à ton cœur comme à ton esprit, le sort de l'auguste captive est à charge, plus qu'au cœur ou à l'esprit de tout autre.

Même, étant de pareil sang, de sang royal aussi, tu ne peux manquer de sentir que chaque trait, chaque coup qui porte sur elle, retombe plus rude encore sur toi.

Car enfin, appelé au trône, ou *parce que*, ou *quoique* Bourbon, tu es en tout cas dans la maison de France, le seul membre qu'il y eut à installer, le dernier membre qu'il n'y ait plus à remplacer.

Si bien, qu'au lieu que la couronne ait été, comme il est dit, posée sur ta tête ; c'est au contraire ta tête, qui s'est placée sous la couronne :

celle-ci ne pouvant se passer de celle-là , laquelle se passait d'elle.

Périlleuse position , ou pour se débarrasser à jamais de la couronne, il n'y a maintenant qu'à se délivrer d'une tête.

Là , gisent tes périls , prince.

Et tes périls deviennent de plus en plus menaçans , à chaque jour de retard dans la mise en liberté de la captive.

Mon empire est perdu , si l'homme est reconnu.

Prince, toute l'histoire , ton histoire même , est rendue en ce peu de mots.

Soit *parce que*, soit *quoique* Bourbon , ce jeu de mots ne fait pas rebrousser le cours des choses, ne vient pas transformer la nature de l'homme.

A peine on t'honore ; à peine on te respecte : mais pour tout autre que toi , ce serait bien pis , vraiment.

De même, la dynastie expulsée , tant sa chute résonne haut, te porte une sauve-garde ; et tant son ascendant régnait de longue main , te prête quelque autorité morale.

Prince, tu n'es point endetté envers le peuple vainqueur, pour t'avoir élevé au siége , où qui que ce soit n'était de sorte à s'asseoir.

Tu es au contraire endetté envers la dynastie vaincue, dont le prestige lent à s'éteindre , prompt à renaître , s'est ravivé , justement ce semble , à l'effet de rejaillir sur toi.

Eh bien ! cet ascendant de mémoire , ce pres-

tige de sentiment, qui revêtissent ta nudité d'homme, comme d'une nuée tutélaire, voilà qu'ils
vont s'évanouir à jamais.

Cela est grandement à remarquer, que dans les
premiers temps, même les journaux républicains,
gardaient de la réserve, au sujet de la captive, et
insistaient peu sur la mise en jugement.

Bientôt l'impression s'effaçait; l'attention se dé-
tournait. Il ne faut que du jeu à ces feuilles : les
cartes tellement brouillées ne manquent pas d'en
donner à souhait.

On en parlait à peine; on y pensait encore
moins : de sorte que le pouvoir, sans fracas,
sans esclandre, ne craignait plus d'accomplir les
vœux, de briser les fers.

Mais, quel dommage ! quelle perte de sujets,
tantôt à drames lugubres ou à contes puérils,
tantôt à vaine élégie ou à sotte épigramme !

La personne royale sauvée : la presse royaliste
perdue. C'était tout un.

Peut-être l'honneur et l'amour eussent hésité :
l'intérêt et la haine tranchent sur l'heure.

De là, tout ce qui s'est fait, tout ce qui a été
dit.

De là, pour franchir à travers tant de perfidies
ou de niaiseries, pour parvenir au terme extrême;
le récit de la *Quotidienne*, du 30 janvier : qu'il
n'est dans la langue nulle expression propre à
qualifier.

Récit dont le plus sensé, et le plus réservé

des journaux libéraux, a porté le jugement qui suit :

« La cause première de ces conflits est dans les bruits qui ont couru sur la duchesse de Berry. Si la mission des médecins n'avait pas d'autre objet que de constater la salubrité de Blaye, il fallait le dire plus tôt.

« La *Quotidienne* ne se fût pas crue obligée de publier cet étrange récit, dans lequel elle montrait la duchesse de Berry se livrant résolument aux investigations les plus minutieuses, et, faisant pour prouver qu'elle n'était pas mère, ce qu'elle fit en 1820 pour prouver qu'elle l'était.

« Les plaisanteries que provoquaient ces détails n'eussent pas eu lieu, non plus que les suites fâcheuses qui en sont résultées. » (*Journal du Commerce*, 6 février.)

Des amis, disent-ils, des fidèles, disent-ils, ont l'impudence de tracer de telles lignes:

« (Nous nous en rapportons à un témoignage qui certes ne peut pas être suspect.) La princesse les somme de remplir *exactement* leur mission : elle exige que leur conviction d'art soit pleine, entière, irréfragable....

« Les deux savans obéissent aux ordres de Madame : leur conviction est formée. Tout ce qu'il faut qu'ils sachent, ils le savent.»(*3o janvier.*)

Et notez : *exactement*, écrit en italiques.

Misérables scribes ! (car il n'y a pas à parler de l'ineffable mensonge) comme pour eux la vie est tout, et l'honneur n'est rien, il se sera fait dans leur sale imagination, une confusion risible, si elle n'était hideuse.

Une Bourbon, se seront-ils dit, qui d'habitude invétérée, monte à l'échafaud d'un air calme et d'un pas ferme, à plus forte raison, n'aura pas été émue pour si peu que cela.

Juste Dieu! et la plume ne s'est pas brisée en éclats sous la main sacrilège! et la feuille complice, n'a pas reconnu sa turpitude, ne s'est pas démentie dans l'amertume du repentir! et des lecteurs lui restent encore!

Passons les horreurs: venons aux désastres.

Que dire? Ce n'est plus *Cham* qui expose son père, dans l'état houteux d'ivresse, aux regards de la malignité.

Mille fois pis que l'enfant dénaturé, c'est l'ami le plus fervent en paroles, qui forge à tête reposée, une scène de révoltant scandale.

Fasse le Ciel qu'il n'ait pas percé jusqu'à Blaye, qu'il ne soit pas parvenu à Prague, *cet étrange récit!*

Certes, et la mise en prison, et peut-être la perte du trône, ont porté moins de peine au cœur.

Quant à Paris, l'effet ne tarde pas.

Le parti ennemi, autorisé par l'exemple, ne conserve aucun égard. Chaque jour il renchérit en propos, et atteint à ce point que des mâles courages se croient tenus de venger l'honneur du sexe, l'honneur du nom.

Le reste est trop connu; un Français n'a qu'à se taire : puisse l'étranger parler bas !

Les querelles personnelles ne durent pas : les levains politiques couvent et fermentent au contraire.

Et d'abord, non sans être appuyé par quelques autres journaux, le *Constitutionnel* reprend la thèse, ce semble, surannée de la mise en jugement :

« La détention arbitraire de la duchesse de Berry ne peut être prolongée plus long-temps : et aujourd'hui, moins que jamais, on doit songer à lui rendre arbitrairement la liberté. La duchesse de Berry est réclamée par la justice du pays : que la duchesse de Berry soit jugée. » (4 *février.*)

Bientôt c'est la *Tribune*, faisant l'avant-garde du *National*, qui provoque des pétitions, tendant à cette fin.

« Les républicains ont décidé qu'une pétition serait faite pour demander le jugement de la duchesse de Berry : que tous les patriotes seraient invités à venir la signer, qu'un exemplaire en serait adressé à toutes les sociétés patriotiques, à tous les journaux patriotes, pour qu'elle fût en tous lieux et par tous les moyens, soumise à la signature de tous les citoyens. » (7 *février.*)

Il faut se rappeler que le *Courrier Français*, dans le silence des autres feuilles, s'exprimait bien autrement :

« Le gouvernement ne peut pas garder éternellement sa prisonnière.... La citadelle de Blaye
ne peut pas rester érigée en Bastille : le plus tôt
qu'on en finira sera le mieux. » (27 *janvier*.)

Eh ! les mâles courages avaient plutôt à
demander raison aux bureaux de la *Quotidienne*,
que dans ceux du *Corsaire*.

Or, en fait de coup d'épée et autres, c'est fini,
autant qu'il semble.

En fait de justice et de sagesse, il y a à com-
mencer.

Ici, la parole te va, Prince.

Prince, as-tu un ami qui pense droit, qui
parle vrai ?

Alors tu peux te sauver, tu peux régner.

Depuis trois mois, la parole s'adresse à toi,
chargée de prières de plus en plus humbles, et
nourrie des conseils les plus loyaux.

Car au-delà et par dessus le salut de la captive, l'honneur de la France y est (1).

---

(1) Journalisme, journalisme ! les temps volent ; ton
heure approche : sous peu tu auras vécu.

Il sera compris enfin que tu simules l'opinion au lieu de
la représenter ; que tu l'égares au lieu de l'éclairer; que tu
l'étouffes avant qu'elle perce au jour, ou que tu l'éteins aussitôt qu'elle commence à poindre.

Qu'on n'écoute donc pas. Qu'on se persuade bien que tout
ce qui a une existence morale ou sociale, aspire seulement
à ce que la princesse soit rendue à la liberté.

Certes, pour elle-même d'abord.

Mais autant et plus peut-être, pour la France ; sur la-

L'honneur de la France ! seul bien commun et indivis entre tous les partis; seul bien restant pour sa part à tel et tel parti, alors que pour lui, tout serait perdu.

L'honneur de la France ! plus vrai et plus réel dans le sens moral, qu'il ne l'est dans les mille et mille sens politiques.

L'honneur de la France ! auquel tous les sacrifices sont à offrir, parce qu'après sa ruine, nul bénéfice ne serait à recueillir.

L'honneur de la France ! qu'il y a plutôt pour quiconque, à conserver au prix de la durée du trône actuel, qu'à compromettre dans l'espoir d'un autre règne.

L'honneur de la France ! dont la perte portant le trouble dans les esprits et le remords aux cœurs, rendrait impossible à jamais, le retour de l'amour et de la foi, aux autels abandonnés.

Qu'on ne s'y trompe pas !

Peu importe, qui a reçu ou a ravi, qui tient le sceptre.

Encore, un peuple ne peut être assimilé à un troupeau de moutons, obéissant au signe du berger.

Un peuple à la force. S'il laisse faire, c'est que le cœur lui manque.

---

quelle retomberait d'un poids incommensurable, et la haine, et l'opprobre, et l'horreur : en se montrant effrayée sans péril, blasée sur l'honneur, étrangère au siècle, hostile à la postérité. (*La Captive, suite.*)

Peut-être la conscience lui manque-t-elle aussi, pour enseigner ou le devoir ou le repentir.

Toutefois, au jugement de l'opinion unanime, l'honneur n'en est pas moins perdu : ainsi qu'il le fut sous le fer de la place Louis XV ; ainsi qu'il le serait dans la nuit des prisons de Blaye.

Et c'est l'honneur du parti asservi, comme du parti dominant.

Car, à défaut d'un bras capable de s'opposer au crime, il reste la tête propre à offrir à ses coups.

Eh bien ! l'honneur de la France est compromis.

1793 : 1833 : faire mourir, laisser mourir. Barbarie ; lâcheté.

Entre l'un et l'autre, qu'en dit l'honneur ?

Avoir peur d'une femme, après trois jours de guerre, avec trois années de règne, au sein du calme intérieur, à la veille de la paix étrangère, enfin dans ces temps où règne :

« La dégénération de tous les caractères, la résistance molle de toutes les existences, qui souhaitent rester comme elles sont, dans l'horreur du plus petit mouvement. » (*Du Bannissement*, p. 44.)

Il faut que la peur soit indigène au cœur, soit endémique au sol : il faut que la peur tienne du caractère de la monomanie.

Ou plutôt, c'est qu'on a peur de soi.

Signe le plus fatal ! car à ce titre, la peur est con-
tinue avec redoublement, ayant peu d'embarras
à se créer quelque sujet, étant épuisée de force à
l'avènement du péril.

Cependant, cette fois comme tant d'autres, la
peur se trompe, reculant devant l'ombre et se je-
tant sous le risque.

Sans doute il y a du risque : mais à tenir en prison, et non à mettre en liberté.

L'otage des vaines terreurs n'est autre que le
gage des troubles, des crises interminables.

Ce fut folie d'arrêter à la veille du départ : c'est
sottise de renfermer dans la crainte du retour.

Ici, il y a à extraire de la mémoire, les forfanteries, les fanfaronades de certaines gens.

Veuillez attendre, dit l'un ; elle reviendra, dit
l'autre :

Or, qu'elle attende ou qu'elle revienne, au
moins sa cour sera clair-semée, sera libérée de
ces gens.

C'est en autre lieu, en lieu sûr, que se tient
la cour du roi Petau, d'où lui viennent des conseils si touchans.

Et il y a à se rappeler les scènes de Paris.

D'abord, boutade ne manquant pas de noblesse ;
mais allant fort mal au *Revenant*, dont certes le
titre ne viendra jamais à se réaliser, en s'y prenant
d'une telle façon.

Puis... le mot de cacade était au bout de la
plume : la plume s'est brisée plutôt que de le lâ-
cher : mais trop tard.

2

BIBLIOTHÈQUE NATIONALE R. F.

Affaire réputée d'honneur entre les presses ennemies, dont un seul journal s'est tiré indemne et a jugé la portée (1).

En Vendée, ce fut une thèse bien différente, grâce au ciel.

Sauf quelques intrigans honteux, on quittait ses foyers, on marchait au combat, sans peur et sans reproche, comme aussi sans aucun espoir.

Là, on n'allait pas de bureau en bureau, bataillant de l'œil et ferraillant de la langue.

Là, on n'allait pas, à bien dire : on était attiré, enlevé par l'honneur pur : si bien que la tête brisée par les balles, ou la tête tombant sur l'échafaud, l'ennemi en uniforme comme en robe longue, de même s'inclinait avec respect.

C'en est fait.

1793, 1815, 1832, trois époques de date diverse, de sorte mille et mille fois plus diverse encore. (*La Captive*).

Voyez les ruines fumantes : voyez les cachots

---

(1) Le propre du parti monarchique est de rester chez soi, de redouter précisément la violence et les contentions politiques ; de faire taire plutôt de légitimes griefs contre le gouvernement que de compromettre les garanties de l'ordre public. . . . .

Eh ! mon dieu ! si nous nous croyions les plus forts, nous ne souffririons pas depuis deux années tant d'usurpations et d'attentats qu'il nous a fallu subir en les flétrissant ; au lieu de vanter notre force, nous la montrerions en mettant le juste milieu en monarchie. (*Courrier de l'Europe*.)

encombrés ; l'honneur qui joue gaîment sa simple vie, n'est point repris à de telles épreuves.

En tout cas, contre l'honneur tout nu à combattre ; on aurait et la force disciplinée des troupes, et la force brutalisée des masses : celle-ci prête à se mouvoir au premier mot, à tout écraser pour dernier mot.

Qu'on prenne paix (1).

L'histoire de quarante ans se déroule, du camp de Jallais au combat d'Amaïlloux.

L'histoire montre le parti royaliste, de même en peine, de même en risque, et par ses victoires, et par ses défaites.

L'histoire le montre, toujours se précipitant de lui-même, du faîte où le jeta le sort ; et jamais n'y remontant, que par un nouveau ricochet de ses jeux.

Pendant vingt années, avec l'appui de toute l'Europe, vainement à travaillé Coblentz.

Alors qu'en peu de temps, on a vu l'antique dynastie, partir de Moscou, passer par l'Allemagne, revenir à Paris.

---

(1) L'histoire de la première et de la seconde révolution montre que jamais conspiration tramée par les partisans de la légitimité n'a réussi : ce qu'il faut attribuer à ce que la cause de la justice s'accommode mal de l'immoralité ; tandis que son succès serait du plus grand danger pour le trône que l'on aurait rétabli. (*Feuille hebdomadaire de Berlin*, janvier.)

Or n'ayez donc peur de Coblentz : ayez seulement peur de Moscou.

Eh! c'est si peu qu'il faut, pour que tant de fracas s'abîme dans le silence; pour que tant de mots en l'air s'évaporent à néant.

Voilà, pudiquement renvoyé au bas de la page, et recelé en caractères minimes, un article de *la Tribune*, qui ne laisse pas la lumière sous le boisseau (1).

Que va-t-on y répondre?

Ni oui, ni non : seulement apparaît cette déclaration fort sage en tout autre temps, trop sage en un tel moment.

« Nous, aujourd'hui, et dans l'état des choses et des esprits, nous disons au gouvernement : faites de la liberté sans notre principe; faites de la gloire sans nos alliances; garantissez à la

---

(1) Un individu nommé *M....* se présenta dans les bureaux de la *Tribune*, et demanda M. *L....* pour obtenir de lui satisfaction. Celui-ci interpella le visiteur sur son nom, et le somma de se faire connaître : alors M. *M....* s'étant dit garçon de bureau à la *Quotidienne*, M. *L....* lui fit cette réponse : « Dites à vos chefs que l'insolence qu'ils montrent en nous envoyant leurs valets sera punie avant un quart-d'heure. » Et, joignant l'effet à la menace, administra d'abord une correction sévère à ce fondé de pouvoir.

Un instant après, notre camarade *L....* et deux autres républicains se rendirent au bureau de la *Quotidienne*, où ils ne rencontrèrent pas MM. les rédacteurs; mais seulement le caissier et un autre employé, qui ne voulurent pas donner l'adresse de leurs patrons, disant qu'ils les représentaient. *L....* se plaignit avec vivacité du mépris évidemment intentionnel, avec lequel les chefs carlistes donnaient suite à leurs provocations, en poussant *leurs gens*.... Et une réponse évasive des employés leur attira le même châtiment que celui qui avait été infligé au sieur *M....* (*Tribune*, 7 février.)

France une paix solide, et la prospérité ; défendez-vous contre l'immoralité ; prévenez ou étouffez les divisions. Vous deviez faire mieux que nous : faites aussi bien sans qu'il en coûte davantage à la France, *et nous nous tairons.* » (*Quotidienne*, 8 février.)

Mais on tremble devant qui tremble. Mais la peur réplique à la peur.

C'est en vain qu'on se raisonne, qu'on se bat les flancs pour se donner du cœur.

Certes, cette fois la vérité, si triste d'un bord, si joyeuse pour l'autre, ne manque pas aux *Débats* :

« Nous reconnaissons bien là l'incurable légèreté de ce parti. Sans reprendre son histoire depuis quarante ans, ni la rapidité inouie de la révolution de juillet, ni les ruines de S. Germain-l'Auxerrois, n'ont pu lui apprendre son isolement et sa faiblesse......

« Dès que les révolutions le laissent respirer, il croit les avoir vaincues ; jusqu'à ce que nouvelle catastrophe le punisse sans le corriger ; passant ainsi éternellement de l'abattement à la témérité, et provoquant des désordres qui jamais ne manquent de retomber sur sa tête. » (5 février.)

D'abord, la leçon du passé, puis la leçon de l'avenir : l'une judicieuse, l'autre charitable.

Seulement le mensonge avait préludé au début de la vérité : mensonge clair et net.

« Nous disons le parti légitimiste, parce que

nous ne regardons les faits particuliers que comme la suite de la direction générale du parti. N'est-ce pas de lui que sont venues les provoca-tions (*Idem*)?

Or, les *Débats*, ou regardent de trop loin, ou regardent de travers : si les *Débats* ne se trompent, ils trompent.

Le parti, un parti! Dans le sens légitimiste, ce mot est un anachronisme pur.

A tout jamais, passé, présent, avenir y inclus, cette opinion, ce sentiment plutôt ne fait parti : ni dans le combat, ni pendant le triomphe, ni après la défaite.

Autrement, est-ce donc qu'il ne régnerait pas aujourd'hui, ou qu'il ne vainquerait pas dès demain?

Son image est rendue par l'hydre à mille têtes, et à une queue : celles-là qui ne s'entendent pas; celle-ci qui n'entend rien :

La queue allant en avant de droite et de gauche, et entraînant les têtes, d'épines en épines, d'abîme en abîme.

Qui n'en croit pas l'histoire, en croira peut-être le *Courrier de l'Europe*.

« Il y a une leçon fort utile et d'urgence, à notre avis, dans la triste et ridicule bagarre des trois derniers jours. Il faut qu'enfin l'on avise à ce que la queue ne mène pas la tête, autrement nous ne serions pas même un parti... Si l'action ne vient pas d'en haut parmi les légitimistes, le parti va contre sa nature. Il n'y a point d'homme, apparemment, qui pût tenir à marcher et à vivre sur la tête. » (6 février).

Et sait-on ce que représentent les têtes de l'hydre? rien moins que l'immense masse de propriété, de capacité, de moralité : c'est-à-dire la fortune du pays.

Sait-on ce qui est représenté sous l'emblême de la queue? tout au plus, quelques ames exaspérées, quelques têtes extravasées, quelques plumes ambitieuses ou cupides : c'est-à-dire, la perte du pays.

Cependant, ici les acteurs, et là les patiens.

La foudre est provoquée d'un bord, et passe par-dessus, n'y trouvant à se repaître; et plus loin, va frapper, consumer, s'assouvir enfin.

« Malheur à qui remettra à la France de juillet, les armes à la main » : disent fort bien les *Débats.*

Mais par qui les armes seront-elles remises?

Le plus souvent par on ne sait qui : quelquefois par on sait trop qui.

Car il ressort des crises politiques, cette déplorable fatalité, que ce qu'il y a de plus haut, ce qu'il y a de plus bas, remis au niveau, remués pêle et mêle, s'exaltent à l'envi, à l'enchère.

Mais sur qui les armes iront-elles frapper ?

Hélas, pour l'instant, sur la princesse : et rien que sur elle, tout sur elle.

Elle aura à payer de sa personne, à rembourser en nature de liberté et de vie peut-être, le compte ouvert en haut lieu, et des insultes, et des menaces, et des bravades.

Il a été assez parlé du vieux : il s'offre du neuf chaque jour.

D'abord, c'est la manie universelle, de lui forger pour rempart, *de la légalité*, de la loger et la retrancher derrière la légalité.

A quoi pense-t-on ?

La légalité ancienne est mise hors de cour : et la légalité nouvelle a prise sur la captive.

Peu importe apparemment.

« Liberté ou jugement : c'est le droit sacré de tous les Français; c'est celui de MADAME, Française, malgré que l'on dise, d'origine et de droit.» (*Lettre à la Gazette*, 3 février.)

Or cela étant, que le pouvoir ne veut ou ne peut mettre en liberté, c'est donc qu'on exige de lui, qu'il mette en jugement.

En jugement, devant un jury, sur la sellette, avec interrogatoire, après confrontations : *comme petite-fille de Saint - Louis, de Henri IV, et de Louis XIV, comme femme veuve et mère d'un fils de France,* ainsi qu'elle est désignée. » (*Idem.*)

Est-ce l'amour, ou la haine, qui rend fou?

Passons en autre lieu, respectable, plus que l'on ne peut dire.

« On a voulu frapper *Madame* dans ce qui lui est le plus cher, en lui ôtant sa qualité de Française. . . . . Cette qualité ne se perd que pour celui qui abdique sa patrie ; et *Madame* est venue retrouver la sienne au milieu de tous les périls. » (*Déclaration des anciens magistrats*).

Qu'est-ce à dire ? Française de dix siècles, oui : Française d'aujourd'hui, non.

Qu'est-ce qu'on veut ? encore ce jour si éphémère, efface, étouffe, tant qu'il dure, les dix éternels siècles.

Et Française d'aujourd'hui, elle est soumise à la loi d'aujourd'hui : d'abord arrêtée, puis accusée, ensuite jugée, enfin condamnée.

S'il n'y a plus de droit, il y a la loi.

Qui ne peut restaurer le droit au faîte, n'a qu'à se garantir du coup de la loi.

Ici, le vrai, le juste, l'utile, intimement ralliés, ont été exposés.

« On l'a casée à part, jetée en dehors, mise au ban de l'éternité.

« Elle est exclue du sol, interdite quant aux biens ; elle est étrangère, et plus.

« Quel serait cette nouvelle sorte de société, où n'ayant point de droits, on aurait des devoirs ?

« Point de crime donc. Rien que de la guerre, que de la bonne guerre. » (*La Captive*).

« Ils ne sont point bannis pour cause provenant de leur fait. Ils sont expulsés par raison d'Etat, et sans retour.

« Or on n'est pas citoyen, quand on n'est pas de la cité.

« On à l'indépendance, on devient puissance;
on combat à titre égal.

« On fait la guerre : non pas la guerre civile,
mais la guerre étrangère.

« On est vainqueur ou vaincu; voilà tout. »
(*La Captive, nouvelle suite.*)

Finissons sur le point de la peur.

La peur serait trop bête de se prendre à la
princesse, et de la garder dans la crainte du
retour.

Une autre idée surgirait-elle en tête? Survien-
drait-il quelque tentation de traiter de sa liberté ;
de faire d'une telle personne, métier et marchan-
dise ?

A le croire du prince, l'injure serait trop forte.
Mais plus bas, au plus bas, si on ne peut croire
encore, ne doit-on pas craindre?

Elle fut achetée à grands frais : elle serait ven-
due avec usure. Double opération inouïe jusqu'à
cette heure, dont il faudrait au siècle spéculateur,
ou s'enfler de vanité, ou sécher de honte.

On négocierait, on trafiquerait du noble otage :
non sans doute à prix d'espèces monnoyées, mais
à titre d'échange de procédés, à titre de garantie
des promesses.

Vaine pensée! tant l'inquiétude est extrême
autour des trônes, que nulle considération personnelle, n'est de sorte à faire fléchir sur le
moindre point politique.

Folle pensée! tant la défiance est extrême, à

l'égard de la France, qu'une transaction pareille'
ne serait regardée que comme un leurre propre à
tromper sur les desseins.

Encore, la parole te va, prince ;

Tes amis te trompent, comme tes ennemis se
trompent.

Au vrai, tu peux, et seulement tu peux, régner :
malgré que ceux-ci le croyent impossible ; tandis
que ceux-là le croyent certain :

Les uns et les autres méconnaissant de même
le type caractéristique du siècle : où au contraire
tout est possible, et tout est incertain.

Tu peux régner ; mais toujours à grand' peine,
jamais sans quelque risque (1).

Labor improbus omnia vincit.
Audaces fortuna juvat.

Ta voie est tracée entre ces lignes : ne cessant
de côtoyer la première ; et n'hésitant pas à abor-
der la seconde.

---

(1) Si comme Guillaume, Louis-Philippe pouvait compri-
mer les partis, donner à tous les Français cette parfaite liberté
à laquelle ils ont droit, et dont, depuis un siècle, ils n'ont
joui que quinze années : assurément Louis-Philippe aurait
un règne long et prospère. Quelques vieux *Jacobites* de-
meureraient fidèles au *droit* et à de touchantes affections :
mais le *fait* serait inattaquable. Les hommes qui aiment leur
pays avant tout, feraient taire d'anciens souvenirs, et se
rallieraient au pouvoir qui assurerait la liberté à tous les
citoyens, l'honneur et la prospérité à la France. (*De la
Vendée*, par le vicomte de Lézardiere, p. 46)

Ta voie doit tenir un juste milieu vraiment, entre deux écueils, la ruse au-dehors; la crainte au-dedans.

Pourquoi la ruse? La défiance en éveil ne s'y laisse pas prendre; seulement apprise par l'épreuve, elle se tient d'autant aux aguets.

Comment la crainte? La faiblesse tente de la susciter pour se couvrir d'un rempart : la faiblesse ne manque pas de l'exploiter, de s'en forger une arme.

On n'a point encore vu, ni la crainte fonder, ni la ruse sauver, un empire.

Prince, tu es plus fort qu'on ne croit, que tu ne crois.

Tu es fort, non pas de ta force absolue, mais de la faiblesse relative.

Tu es fort, non pas de la puissance du droit, ni divin ni humain, mais de la puissance du fait, fortuit, éphémère et pourtant suprême.

D'abord, embryon né de la fatalité, de la nécessité, s'il plaît mieux; ces divinités, fort éloignées d'être marâtres, ont nourri leur enfant de prédilection, l'ont protégé à travers la crise de croissance, l'ont porté presque au point de maturité.

Leur égide te couvre encore, ce semble.

Ce peuple ne veut, ne peut même, que vivre en monarchie.

Et quoiqu'on fasse, point de monarchie, sauf un roi; point de roi, sauf un prince; point de prince, sauf un Bourbon ; point de Bourbon, sauf un seul être.

La preuve irréfragable en fut donnée au jour de l'adresse menaçante, au jour de la crise foudroyante : lesquelles certes, n'eussent eu lieu ni l'une ni l'autre, si nul Bourbon, nul prince, nul roi n'était apparu.

En somme, le peuple a besoin d'avoir un roi, plus que le prince n'a besoin d'être roi.

D'où, à l'occurrence de force majeure, pour se servir d'une expression banale, le prince est en passe de mettre le marché à la main.

Or, au sujet de la mise en liberté, il y a force majeure ; car c'est la cause royale, c'est la cause personnelle dont il est cas.

On en croira une autorité irrécusable.

« Depuis que la duchesse de Berry est à Blaye, rien n'a été omis de ce qui pouvait jeter, sur le gouvernement, quelque parcelle de ridicule, de scandale, d'humiliation, de dégradation..... S'il trouve que la prolongation de cet état de choses soit dans son intérêt, à la bonne heure ; on ne peut disputer des goûts. Mais c'est payer cher le triomphe de la raison d'État. »(*Courrier français*, 7 décembre 1832.)

« Le gouvernement a beau faire, il ne peut pas garder éternellement sa prisonnière : cette captivité devient plus odieuse, plus embarrassante, à mesure qu'elle se prolonge ; il faut qu'elle ait un terme...

« La citadelle de Blaye ne peut rester érigée en Bastille : le plus tôt qu'on en finira sera le mieux. On ne doit pas regarder à quelques subtilités de plus, pour se débarrasser de ce fardeau importun... Il n'y a eu que honte et mépris à recueillir de cette captivité *à la Turque.* » (*Idem*, 27 janvier.)

Qu'on remarque comment d'un bord, la haine l'emportant sur l'amour ; comment de l'autre, la haine se mariant à la haine ; retentissent en échos, les horreurs, les outrages, les infamies.

Qu'on se rappelle quelles rumeurs scandaleuses se sont propagées à la nouvelle de l'indisposition, puis à la nouvelle de la visite médicale.

Sans doute tout passe ; mais en tant que chose analogue succède à autre.

Tout passe ; mais sans que rien s'efface.

Tout passe ; et c'est ce qu'il y a de pis. La passion s'est laissée prendre tout d'abord : la raison est évincée du pouvoir de revenir contre.

Calomniez, calomniez ! disait Basile ; il en reste toujours quelque chose.

Ainsi Saint-Leu, ainsi Blaye, l'un déjà, l'autre bientôt, échappent à la pensée, sortent de la mémoire.

Et cependant on ne sait quoi de sombre doute, de soupçon incertain subsistent, qui pèsent à peine, ce semble, et qui prennent du poids par alliance, l'occasion advenant.

Suivons. Les dernières crises de Paris apportent une autre sorte de preuve, de risque.

Eh ! dans cette personne, princesse et captive pour tous, régente et héroïne pour ceux-ci, ennemie et coupable pour ceux-là ; réside une puissance indicible, ineffable.

Amour et espoir, haine et crainte, le tout au plus haut degré, sont en face, sont en lutte.

Au milieu, gît le pouvoir en forme, ou plutôt le prince en personne ; battu de tous les coups qu'ils se portent entr'eux ; encore battu des coups que lui portent et les uns et les autres.

Il se regimbe : fort bien.

Mais s'il se préserve d'un bord, il se découvre de l'autre : s'il réprime un parti, il enhardit l'autre.

Bascule de sorte périlleuse, dont les soubresauts sont d'autant plus subversifs ; en ce que Blaye exerce ici un effet attractif, et là un effet répulsif de force infinie.

On le sait trop ; on l'a dit assez. Blaye n'est pas pris pour fin : Blaye ne sert que de moyen, que de prétexte.

En vain, pour le parti, l'espace indéfini du temps s'ouvre aux chances : tandis que pour le salut, l'intervalle de quelques jours menace du terme fatal.

En vain, en exposant le salut, on compromet le parti.

Néanmoins le parti est tout, le salut n'est rien.

Ce qui ne se peut pour l'instant, absorbe : ce qui se doit au moment même, ne touche.

C'est crime et faute à la fois : ou c'est folie, frénésie.

Ici, que le pouvoir tremble : qui se perd soi-même, perd aussi son ennemi.

D'abord, les troubles s'apaisent en apparence, puis reprennent avec redoublement.

Si bien qu'au dedans, la force matérielle est obligée de maintien ; et la force morale est épuisée d'effort.

Si bien qu'au dehors, renaît la crainte des crises menaçantes ; et peut-être naissent le voeu, l'espoir d'en extirper les racines.

Et maintenant, qu'on vienne parler du retour en France : en tant qu'il est probable, en tant qu'il serait funeste (1).

____

(1) Sur ces entrefaites, parut dans les bocages de la Vendée, Caroline de Naples, fille des rois et mère de Henri V. Elle arriva, guidée par la jactance outre cuidante, par les ridicules forfanteries des hommes qui laissèrent tomber Charles X. sans brûler une amorce ; et dans ses rêves de princesse et de mère, elle s'imagina, sans doute, venir se mettre à la tête des royales armées de l'Ouest.

Mais, pauvre femme, trompée par ses plus chères illusions, abandonnée de ceux qui l'avaient jetée au sein des plus grands périls, elle dut se résoudre à se porter de caverne en caverne, de buissons en buissons, à n'avoir pour défenseurs et pour chevaliers que des hommes plus propres à déshonorer une cause qu'à lui donner de l'éclat et de l'avenir.

La duchesse de Berry ne tarda pas à porter les fruits d'un

Mais est-ce donc qu'au préalable la princesse n'aurait pas à refaire sa santé, altérée par les plus terribles vicissitudes ?

Est-ce donc qu'elle rentrerait sur les voies ténébreuses où elle s'est perdue, avant qu'un rayon plus pur n'éclairât sa marche ?

Est-ce donc qu'elle reviendrait parmi des auxiliaires qui ont été tellement désappointés, avant que le temps ait passé sur la mémoire; avant que le ciel se soit mis à l'espérance ?

Est-ce donc qu'aux lieux de sa retraite, sans parler de la famille royale, les couronnes par tendresse, et les cabinets par prudence, ne s'efforceraient pas de prévenir une nouvelle tentative ?

Est-ce donc, qu'enfin sensibles à la crainte ou à la honte, la parole exaltée et la plume dévergondée, ne se refuseraient pas à l'attirer au milieu de périls plus imminens encore?

Est-ce donc même, que quelque retour de procédés ne retiendrait pas un certain temps, à peu près le même temps épargné sur la durée probable de la détention?

---

abandon si cruel, et bientôt la citadelle de Blaye se referma sur ses infortunes.

Alors commença de la part des braves et dévoués légitimistes, une longue kyrielle de lamentations, de pétitions, d'adresses, de souscriptions et d'élégies : jamais douleur ne fut plus bruyante et plus éclatante que la leur; mais leur sublime dévouement ne dépassa jamais la sage limite de la parole. (*Echo de l'Ouest: Tribune*, 10 février.)

5

Or, sans craindre que la fibre de délicatesse se choque, d'être sondée à l'avance ; ceci est à dire.

Quoi qu'on en ait, il faut bien reconnaître le fait ; soit à propos avant qu'il tue, soit trop tard après qu'il a tué.

Et sans contredit, le fait, ou le pouvoir armé du fait, peut tuer.

Même, si le pouvoir tient à se préserver des terreurs fondées ou non fondées ; s'il rejette de côté toute notion et tout sentiment de l'ordre moral, il doit tuer.

Non, une Bourbon ne sera pas insensible envers qui ne fit pas, ce que lui permettait la force incontestable ; ce que lui dictait l'intérêt apparent, l'intérêt temporaire.

Car entre tuer et retenir en confinement, à peine y a-t-il différence.

Chose majeure à remarquer de même, et par la captive, après qu'elle aurait été relâchée, et par le prince régnant, alors qu'elle ne serait pas relâchée.

Certes, le rapport presque inespéré des docteurs en médecine, vient fournir les preuves les plus abondantes à l'appui des craintes déja exprimées. (*Encore Blaye.*)

D'abord, laissons de côté les féeries de la promenade et de la vue, comme aussi l'apothéose des soins et des alimens : à quoi, il n'y a vraiment rien à redire.

Puis, citons, et commentons.

« L'air qu'on y respire est pur : »

Mais c'est justement l'air, plus il est pur, et par conséquent sec et vif, qui est périlleux.

« L'air est assez vif sur les remparts. »

Assez, c'est peu dire et c'est en dire trop : car sauf dans les caves, il faut bien que l'air du dedans, soit analogue à l'air du dehors:

« Assez fréquemment, à certaines heures, il y règne des vents et des brouillards. »

Aussi les docteurs défendent à la princesse de se promener sur les parties élevées : sans doute ils ont défendu aussi aux vents et aux brouillards de pénétrer dans les parties basses.

« Au reste, malgré les inconvéniens que nous signalons, etc., etc. »

Fasse le ciel que le gouvernement réponde au signal !

« Il est impossible d'élever le moindre doute sur la salubrité de Blaye. »

Peut-être ces deux membres de phrases ne pêchent pas par excès de logique : bien que ce soit l'affection endémique du siècle.

En tout cas, que les docteurs y prennent garde.

Comme il y a fagots et fagots, aussi il y a salubrité et salubrité.

Par exemple, c'est la vérité la plus pure qui est dite au sujet de l'état de santé de la garnison.

Et c'est encore la plus pure vérité qui est dite justement à la suite.

« Sans doute les personnes d'une faible constitution, ou disposées aux catares pulmonaires, et affections inflammatoires , ou habituellement souffrantes , devront éviter de sortir pendant que le temps est mauvais. »

Eh bien, ces personnes de quatre sortes diverses, se rencontrent, se confondent en une seule personne.

Constitution faible de naissance, souffrante d'infortune, pulmonaire et inflammatoire de nature : la voilà.

Constitution tout-à-fait anomale : pour laquelle ce qui est salubrité aux autres, est essentiellement insalubrité.

De là, conseil de ne pas sortir par le mauvais temps ; c'est-à-dire de ne guère sortir avant le retour de l'été. Car qui ne sait, comment dure constamment ou revient soudainement, sur les côtes de l'océan, le mauvais temps.

Il manque à demander aux docteurs , si c'est en un port de mer, exposé au vent d'ouest, situé à l'embouchure d'un fleuve, qu'ils ont coutume d'expédier des êtres de telle idiosyncrasie.

La lettre du docteur Guilbert, 6 janvier, portait d'avance, la réponse péremptoire (*Encore Blaye.*)

Du reste, et c'est chose à noter, les docteurs ne disent pas un mot de l'état de santé de la princesse.

Qui sait si à son aspect, à son ton, l'idée la plus fausse ne leur est pas survenue à cet égard.

La Quotidienne du 6 février contient une lettre de Prague où il est écrit :

« Dans sa correspondance, MADAME assure que son courage est à l'abri de tout abattement. »

Quant à la lettre, qu'elle soit vraie ou fausse, étant dans la *Quotidienne*, il y a doute.

Quant au fait, point de doute.

Et voilà comment les docteurs, ne voyant nul signe d'abattement, n'ont point conçu de crainte sur la santé, n'ont pas même jugé à propos d'en parler.

Et cependant, c'est précisément ce courage d'irritation, si on peut parler ainsi, qui en domptant pour l'instant la nature, appelle les périls imminens de la réaction.

C'est assez.

La question se réduit à ces termes : non pas que la sinistre fin soit certaine ; mais en tant qu'elle est possible, qu'elle est probable.

Faut-il ou ne faut-il pas qu'à chaque révolution de France, comme pour la marquer du sceau irréfragable, une tête de Bourbon tombe ?

Ainsi Louis XVI, ainsi le duc d'Enghien, ont consacré la république, l'empire.

Ainsi, s'il n'y était pris garde, la duchesse de Berry consacrerait la dynastie nouvelle.

Or, comment supporter la couronne chargée d'un tel poids ?

Un seul mot reste à dire.

Prince, as-tu un ami ?

ERRATUM sur ENCORE BLAYE.

(Revers du titre.)

Or vous qui parlez, qui écrivez, qui agissez pendant la crise de Blaye, vous vous faites responsables de l'issue, si fatale, peut-être.

De même vous qui, étant en titre, ne parlez pas, n'écrivez pas, n'agissez pas, vous vous faites aussi responsables.

Le droit sens, le sentiment pur est en faute de se tenir à l'écart ; comme la passion noble ou ignoble, est en tort de se mettre en avant.

Si l'opinion vraie manque à s'élever, à démentir quelque coterie vaine ; la coterie se donne l'air, prend l'apparence d'être l'organe de l'opinion.

Et le pouvoir se laisse induire à la crainte, se laisse entraîner par la colère : ainsi reculant dans ses voies ;

Nous ne reconnaissons pas le pouvoir, dites-vous ?

En droit, fort bien : nul risque à se complaire en son idée.

Mais en fait, reconnus ou non, les coups portent, frappent, et tuent.

Qui donc est sous le risque ? non pas vous seuls, car il n'importerait guère.

Qui ? un être au moins haut de mémoire, même parmi ses ennemis : un être marqué au type d'Antoinette et d'Élisabeth, dont il fallut abattre la tête, tant elle en imposait.

Or, tous tant que vous êtes, si votre langage ou votre silence tendent à prolonger la prison d'amertume, à amener le terme de fatale délivrance : un mot seulement :

Vous êtes régicides.

Vienne ensuite le bourreau : de vous d'abord vient l'arrêt.

Rappelez-vous-le : vingt années d'horreurs, de désastres, ont eu à passer, avant qu'une tombe de telle sorte se prêtât à fonder le trône restauré.

Qu'on se taise, ici : et là, qu'on parle.

Que toutes les voix s'unissent à la seule voix droite et pure, digne et noble, saine et sage.

Autrement, tous tant que vous êtes : vous êtes régicides.

Versailles, 3 février 1833.

« Une liberté sans exception, la seule vraie liberté. » (*Général Lafayette*, 1831.)

« Il faut prendre un gouvernement tout entier. » (*Vicomte de Bonald*, 1817.)

La vérité éclate des deux pôles opposés.

Cependant, le monopole est partout ; dans la presse, dans les collèges.

Le monopole, rempart honteux, dont se couvrent les minorités, qui tôt ou tard s'écroule sur elles.

Des charges infligées d'une part, et de la formule imposée de l'autre, résultent une presse fausse, une vaine tribune.

Ici, le silence : là, le mensonge.

L'opinion royaliste n'a point de foyer où se former, n'a point d'organe pour s'exprimer.

La presse, tantôt l'étouffe, et tantôt la simule.

Astucieuse, audacieuse, elle parle à chacun, comme au nom de tous ; et entraîne tous, en dépit de chacun.

Il n'existe qu'une ombre, qu'un fantôme d'opinion, né des jeux de la presse.

Encore, le royalisme est en sentiment, plutôt qu'en opinion.

Chez lui, le sentiment est d'essence, l'opinion n'est que d'accident : l'un, immuable, absolu ; l'autre, incertaine, équivoque.

Chez lui, sous le coup de la fatalité, l'esprit de parti s'assoupit au moins ; tandis que l'instinct d'ame se ravive d'autant.

Aussi, quels que soient les actes ostensibles, un seul vœu lui est propre, lui est intime.

Le respect de la race royale ; le salut de la personne royale.

En vue d'un tel prix, il n'est sacrifice, il n'est hommage peut-être, auxquels il ne se fût soumis.

En retour d'un tel prix, la reconnaissance, au moins tacite, ne manquerait pas.

Le royalisme, à la fois sent et voit.

Une défaite eut lieu : une prisonnière reste. Il faut subir ; il faut sauver.

Pendant que les auteurs de la défaite, se font les assassins de la prisonnière ; lui qui ne s'accuse point du revers, n'aspire qu'à la mise en liberté.

D'abord le salut de la personne : veuille le ciel !

Puis, le retour de la race : s'il plaît au ciel.

Qu'on cesse donc d'écouter ; ou même, dans l'intérêt du royalisme, qu'on fasse taire les feuilles du monopole.

Qu'on ne se laisse plus tromper, au point de les prendre pour les organes de son sentiment, de son opinion.

Eh ! bon dieu, aussitôt la princesse délivrée, ce sera l'heure de voir qu'il n'y a rien de commun entre eux :

Ici, la paix rentrant dans les cœurs : et là, le dépit de se voir enlever le canevas aux diatribes, troublant les esprits.

DE L'IMPRIMERIE D'A. PIHAN DE LA FOREST,
rue des Noyers, n° 37.